Le Pasteur

J.-E. ROBERTY

29 Octobre 1856 — 22 Novembre 1925

DISCOURS

prononcés à ses obsèques
le 25 Novembre 1925

Dernière Prédication
suivie de quelques paroles
mémorables
du
Pasteur J.-E. ROBERTY

A la Maison mortuaire

Après la lecture du Ps. CXXX et avant la prière, M. le pasteur Boegner prononce les paroles suivantes :

« Au moment où la dépouille mortelle de notre frère, le pasteur Roberty, va quitter ce cabinet de travail, sanctuaire de son amour des âmes et de son intercession, ce foyer où sa présence était, pour tous une force et une joie, nous voudrions aider les siens, dont nous partageons l'immense douleur, à regarder au-delà du voile, vers le monde de lumière et de paix, où nos morts vivent en Dieu.

« Qu'ils me permettent donc de leur lire quelques lignes écrites, il y a vingt-trois ans par Fallot à M. Roberty qui venait de perdre sa mère, et qu'ils les écoutent comme un message de deux grands serviteurs de Dieu qu'unissait une même foi en l'Invisible :

« Cher ami, je sais que toutes les souffrances dont vous avez été enveloppé vous ont préservé de quelques-uns des pires dangers de la fournaise parisienne. Je sens en vous lisant — je lis le *Journal de Genève* — que la soif de l'Invisible consume votre âme. Vous devez donc savoir que nous possédons en Dieu nos morts qui ont vécu avec Lui, et que c'est là un de nos plus grands trésors. Les vivants, ou ceux que, dans notre langage superficiel, nous appelons ainsi, nous échappent sans cesse. La possession sereine, entière, calme, vivifiante, ne commence que lorsqu'ils ont franchi le voile. Réjouissons-nous donc d'avoir trouvé sans réserve celle dont le monde dit que vous l'avez perdue ».

DISCOURS

de M. John VIÉNOT

pasteur à l'Oratoire

Mes frères,

Nous entourons les restes mortels de M. J.-Emile Roberty, pasteur de cette Eglise, Président de son Conseil presbytéral, Président de l'Union consistoriale des Eglises réformées de la Seine, Président de la Société biblique, vice-président du Conseil de la Fédération des Eglises protestantes de France.

Nous sommes dans la douleur et les larmes. Cette voix s'est éteinte. Nous ne l'entendrons plus. Ce cœur a cessé de battre. Cette intelligence si lucide ne nous éclairera plus. C'est un vide immense qui vient de se faire. La patrie perd en M. Roberty un bon, j'ose dire un grand citoyen. Mais c'est l'Eglise qui est tout spécialement en deuil, c'est le Protestantisme tout entier qui perd une de ses meilleures illustrations. Dieu avait accordé à notre frère, à notre ami des dons remarquables. Ici, un scrupule m'arrête d'abord, le scrupule biblique, l'austérité huguenote, ce sentiment si profond qui s'exprime en ces mots : « Qu'est-ce que l'homme en face de Dieu ? Qu'est-ce que l'homme le plus humainement extraordinaire devant la justice de Dieu, devant sa Sainteté ? Comme cela est vrai ! « O Dieu ! à toi la justice, à nous la confusion. »

Et d'autre part, n'est-il pas vrai, que Dieu, dans sa grâce, a mis en nous du divin, que ce germe divin, quand il est fécondé par un rayon venant de la chaleur et de la lumière qui sont en Jésus-Christ, peut transformer nos âmes et les faire naître à une vie qui monte vers la lumière, vers l'espérance et vers la sainteté ? Et quand nous avons sous les yeux une de ces vies-là, pourquoi ne pas le dire, pourquoi ne pas le crier bien haut, non pas à la gloire de l'homme, mais à la gloire de Dieu ? Le juste, disent les psaumes, grandira comme la palme. La mémoire du juste sera perpétuelle, la mémoire du juste sera en bénédiction. (Ps. 92, 13 ; 112, 6 ; Prov. 10, 7.)

C'est cette bénédiction que notre âme cherche devant la dépouille mortelle de notre ami ; c'est pour l'obtenir, que nous nous avançons, avec des actions de grâce envers Dieu, et que nous déposons au pied de ce cercueil les palmes de nos souvenirs, de notre reconnaissance et d'une admiration qui, de l'homme, remonte à Dieu.

Or Dieu avait fait à notre collègues de grands dons. Laissons de côté ce qui est extérieur, son amabilité, sa bonne grâce, tout ce qui faisait le charme de sa personnalité, je ne veux m'arrêter qu'à ce qui peut être pour nous un exemple et une édification. Si je cherche le caractère dominant de ce ministère qui a duré ici trente quatre ans, qui a duré ici jusqu'au jour même de la mort de notre frère, je puis dire que c'est la fidélité.

Il a été fidèle dans le ministère de la prédication. Ce qu'était sa parole, vous le savez, vous qui l'avez entendu. Avec quel soin, avec quel souci des âmes, il cherchait à vous instruire, à vous avertir, à vous consoler, avec quelle passion aussi qui donnait à sa parole des accents d'une incomparable beauté. Pendant trente quatre ans lisant, méditant, souffrant, se renouvelant sans cesse, il a tenu sa parole à la hauteur des besoins des âmes. Comme nous l'aimions aussi cette parole à la fois simple et haute, familière et chaleureuse, essentiellement française, sans faux-traits, ne dépassant jamais cette mesure qui est non seulement la marque du goût, mais la marque aussi de la vérité et de la sincérité.

Ah ! disons-le maintenant qu'il n'est plus. Le pasteur Roberty était pour nous comme le type du vrai pasteur français, celui qu'il nous faut dans ces heures difficiles. Il était foncièrement croyant. Il s'appuyait sur son Dieu, il marchait avec Dieu, il cheminait en invoquant l'appui de son Maître et de son Sauveur. Il puisait librement à la source de la tradition évangélique et chrétienne tout ce qu'il faut pour nourrir, élever, sanctifier, consoler les âmes, il communiait avec tous les grands chrétiens de toutes les églises et de tous les pays. Il se nourrissait de leur moelle. Et il pouvait ainsi marcher sur un terrain religieux moral résistant et solide. Et avec cela, il était cultivé, large, tolérant, vibrant à toute beauté, à toute harmonie, à toute franchise, à toute liberté légitime, ouvert aux idées de progrès, de solidarité sociale. Patriote passionné, mais sans étroitesse, il avait le souci constant de la France bien aimée, le souci de ses hautes destinées morales, il cherchait comment y faire la conciliation nécessaire de l'ordre et de la liberté. Oui, ce cœur qui ne bat plus était le cœur d'un bon pasteur protestant français.

Fidèle dans le ministère de la prédication, notre frère l'était aussi dans le ministère pratique. Il s'était donné à cette église il y a 34 ans. il ne s'était jamais repris. Il s'était donné à tous, aux petits comme aux autres, aux plus humbles devoirs même.

Il avait le souci de faire bien tout ce qu'il avait à faire et ce souci était devenu avec l'âge comme une anxiété ; ce souci, il l'a montré partout et spécialement à la Société biblique, dont il était le président et dont il dirigeait les travaux avec un soin, une conscience toute spéciale. Il y voulait continuer bien, l'œuvre de son ami le baron F. de Schickler.

Fidèle à son devoir, il était aussi fidèle à ses amis. Leurs noms revenaient dans la conversation, les pasteurs Decoppet, Théodore Monod, Jean Bianquis, etc., sur un autre terrain, Auguste Sabatier, Jean Réville, Ch. Wagner.

Ce qui frappait surtout en ces dernières années, c'était son souci d'être juste — et juste pour tous. Il savait apprécier les plus modestes de ses collègues, il savait constater, célébrer même leur dévouement. leur talent. C'est cette justice, cette élévation de cœur qui avait fini par l'entourer lui-même d'affection et de respect. On le vit bien quand il fallut remplacer le vénéré président de l'Union consistoriale de Paris. C'est lui qui fut choisi par ses collègues qui, en grande majorité, ne partageaient pas ses idées. En faisant cela, messieurs de l'Union consistoriale, vous avez honoré notre pasteur, mais vous vous êtes honorés vous-mêmes — et du cœur, nous vous en remercions.

Il y a vingt ans que nous travaillions avec ce pasteur fidèle, et ces vingt ans nous ont paru comme un jour, parce que nous nous aimions. Notre douleur personnelle nous permet d'imaginer celle des siens.

Chers amis, nous sommes avec vous de cœur, nous resterons avec vous. Votre douleur est profonde ; elle ne peut être ni amère, ni désespérée. Vous avez pour vous fortifier l'exemple et le souvenir de votre bien-aimé mari, père et grand-père. Vous vous souvenez comme il parlait de cette terre matinale où il comptait retrouver tous les siens, son père, le pasteur de Rouen, sa mère, ses fils, son petit-fils.

Vous avez dans l'oreille encore ces vers qu'il vous récitait il y a quelques jours :

> *O Dieu de vérité pour qui seul je soupire,*
> *Unis mon cœur à toi par de forts et doux nœuds,*
> *Je me lasse d'ouïr, je me lasse de lire,*
> > *Mais non pas de te dire*
> > *C'est Toi seul que je veux.*

C'est là en Dieu, en Christ — que vous trouverez la consolation. Et vous, mes frères, qui aimiez entendre cette voix éteinte, aimiez-vous vraiment votre pasteur ? Qu'est-ce que vous aimiez entendre ? Un guide, un consolateur — ou bien quelques accents d'une flûte enchantée ? Ah ! si vous l'aimiez comme pasteur de vos âmes, suivez encore son chemin qui était celui de la foi, de l'espérance et de l'amour et venez nous aider à faire qu'il y ait encore ici, qu'il y ait toujours ici, une église vivante, large et fraternelle et sainte, pour votre paix, pour votre salut et à l'honneur de Dieu.

Et à ce Dieu, au Roi des siècles, immortel, invisible, à Dieu seul sage, seul puissant et seul bon, soient honneur, louange et gloire aux siècles des siècles. Amen.

DISCOURS
de M. Wilfred MONOD
pasteur à l'Oratoire

Incomparable ami, notre frère et notre père spirituel, qui nous a tous tant de fois consolés, avertis et inspirés, merci ! Ah ! c'est le cri de nos âmes, irrépressible : merci, merci !

Dimanche matin, devant sa dépouille mortelle, je fus invité à prier par la femme courageuse qui, jusqu'à la dernière minute (au-delà de la dernière minute !) partagea si pleinement le ministère de son mari. Quand j'ouvris la bouche, c'est l'action de grâces qui s'échappa de mon cœur blessé. Il me fallut bénir « le Père des lumières, l'auteur de tout don parfait ! »

En Emile Roberty, nous avons tant reçu ! Et d'abord, un exemple d'humilité réelle, profonde, religieuse, enracinée dans la Confession des péchés.

Un souvenir s'impose à mon âme. C'était dans le vieux temple St-Eloi, de Rouen ; je présidais un culte familier, par une grise après-midi de Noël, sauf erreur. Soudain des accents inaccoutumés, d'une douceur, d'une intimité, d'une pénétration ineffables, descendirent du grand orgue sur l'assemblée, en vagues de bénédiction ; les cœurs fondaient sous le charme ; comment expliquer pareille surprise ?... A mon insu, Emile Roberty tenait l'instrument ; et ses mains caressaient le clavier dans une improvisation qui se transformait en prière.

Bien-aimés affligés, que de fois vous avez entendu vous-mêmes, au foyer domestique, à travers portes ou murailles, les mystérieux accords qui émanaient d'un cabinet de travail ! On méconnaîtrait la personnalité profonde et l'œuvre d'un Emile Roberty, si l'on oubliait sa merveilleuse organisation musicale ; elle explique, à beaucoup d'égards, les nuances infiniment variées de son tempérament, les contrastes marqués de son caractère, et les frémissements d'une sensibilité toujours vibrante.

Il se peint dans cette remarque adressée oralement, voilà quinze jours, à notre maître de chapelle : « Pour mon service funèbre, vous ferez chanter le psaume : *O Dieu ! c'est dans la Sion sainte...* en accélérant le mouvement ».

Ses élans de tendresse, dans l'intimité, ses trouvailles imprévues d'expression, ses accès de gaieté, les brusques manifestations d'une spontanéité si ingénieusement inépuisable dans le dévouement aux amis, tout cela jaillissait comme des notes plus sonores et plus joyeuses dans une mélodie plus grave.

Et quand il montait en chaire, c'est alors que l'artiste prestigieux se livrait tout entier. Pendant près de trente-cinq années, prêchant du haut de la même chaire, il sut grouper, puis maintenir, un vaste auditoire, attentif et reconnaissant, qui le suivait avec fidélité. à travers les riches et lumineux paysages d'une prédication sans cesse renouvelée. A entendre les tons et demi-tons de son débit, on pouvait croire que son manuscrit était orchestré comme une partition musicale. Il croyait, de plus, au « prestige du rythme » qui ne « donne toute sa mesure que dans des périodes assez étendues ». Les grandes périodes rythmées, écrivait-il, « possèdent quelques-uns des caractères de la musique ; aussi faut-il plutôt les entendre que les lire ».

Et vous savez à quel point il transportait ce besoin de règle, de cadence et d'harmonie, soit dans l'ordonnance du culte lui-même, soit dans l'organisation disciplinée de la paroisse. Toute son activité extérieure semblait dominée par l'appel de quelque diapason mystérieux. Mais le mouvement de sa vie intime se pliait, plus encore, aux accords fondamentaux d'une secrète mélodie. Il me disait, un jour : « A la table sainte, en prononçant les paroles de l'institution, nous ne sommes plus dans le domaine intellectuel, celui de la prose et du raisonnement ; quand « nous bénissons la coupe de bénédiction qui est la communion au sang de la Nouvelle alliance », de pareilles formules, en réalité, ne sont pas simplement prononcées, elles sont chantées.

Voilà une affirmation qui porte loin. Quelle clarté elle projette sur l'attitude adoptée par notre ami dans le domaine doctrinal ! Le dogme chrétien n'est pas un théorème abstrait, une sentence démontrable ou un précepte imposé ; c'est l'expression plus ou moins appropriée d'une expérience religieuse, un fervent hommage de l'âme à la puissance régénératrice du Saint-Esprit, un témoignage au Christ sauveur ; et le Symbole des apôtres, par exemple, est un cantique d'action de grâces, un hymne de louange au Père ; les credos de l'Eglise traditionnelle relèvent plus de la prière que de la philosophie ; ils sont destinés à être chantés.

La théologie, ainsi comprise et pratiquée, est vraiment une *théologie*, une science de Dieu ; elle reste un sanctuaire où l'on ne pénètre qu'à genoux. Emile Roberty, ayant découvert ce magnifique secret, y demeura inflexiblement fidèle, malgré les pénibles

malentendus qui déformèrent parfois, au dehors, sa pensée véritable ; il traversa des années de pénible solitude, sans jamais faiblir,
ni dans la nette et hardie profession de ses idées, ni dans l'exercice
fraternel de la plus humble et sincère charité envers les personnes,
son influence individuelle, son autorité morale et son rayonnement
chrétien allèrent toujours en augmentant ; si bien que l'Union
Consistoriale de Paris et du département de la Seine finit par lui
confier la présidence de ce vénérable corps, comme à son chef
d'orchestre prédestiné.

Mais ce qu'il voulut être, avant tout, avec une persévérance en-
thousiaste, une **énergie méthodique**, méticuleuse et passionnée, vous
le savez bien, fidèles de cette communauté : il voulut être votre
pasteur et votre serviteur. Eglise de l'Oratoire ! ton privilège fut
grand, et il mesure ta responsabilité. Tu n'entendras plus la voix
chérie, douce comme une imploration ou une caresse, retentissante
comme une trompette d'argent ; tu ne verras plus ces yeux qui,
tantôt semblaient sourire et jeter des fleurs, tantôt semblaient
s'allumer et lancer des flèches de feu. Mais le message d'Emile
Roberty demeure ; garde jalousement ce trésor incomparable. Ne
t'arrête pas aux stériles regrets et à la mélancolie des souvenirs ;
le passé est, de tous nos biens, celui que nous possédons le plus
sûrement ; il est à l'abri des « voleurs qui percent et dérobent »,
à l'abri des incertitudes rongeantes qui minent le présent ou me-
nacent l'avenir ; le passé est notre propriété indiscutable, notre
« concession à perpétuité ». Pour le retrouver, nous n'avons qu'à fer-
mer les yeux ; alors, sous nos paupières luisent tous les soleils qui
éclairèrent notre route, toutes nos joies pures, toutes nos victoires
saintes, et toutes nos immortelles tendresses.

Eh bien ! mes frères et mes sœurs, fidèles de cette paroisse, quel
fut le message légué par un Emile Roberty à chacun d'entre vous ?

D'abord, n'ayez point peur d'*aimer*. Jeté souvent, malgré lui,
dans des combats d'idée qui répugnaient à sa nature profondément
humble et pacifique, votre pasteur ne renonça jamais aux préroga-
tives magnifiques de la charité. Il se portait d'instinct vers la solution
la plus généreuse des problèmes de la vie quotidienne ; et la morale
chrétienne l'attirait invinciblement par sa beauté sublime ou son
caractère héroïque. Il répétait souvent : « Ne jamais prendre son
parti du mal ! » Cela signifiait ne jamais s'établir dans l'abstention,
le découragement, le scepticisme pratique. Un chrétien sans espérance, disait-il encore, un chrétien qui cesse de croire à l'avenir
de l'Eglise et de l'humanité, cela n'existe pas ! Il excellait à exalter
tous les aspects chevaleresques de la règle du Maître, dans le domaine
civique, social, international ; ardemment épris du génie français,
il en aimait la foncière noblesse et le libéralisme essentiel. Et vous
savez quelle plénitude infinie de sens il mettait dans l'expression à

la fois touchante et prophétique : « l'Oratoire de demain »... Un Oratoire où la spiritualité de notre culte huguenot s'enrichirait d'une légitime beauté liturgique. Un Oratoire où l'on s'aimera toujours davantage, dans le respect mutuel des divergences légitimes. Un Oratoire où toutes les équipes de notre église, de plus en plus coordonnées, accompliraient joyeusement et fidèlement, dans la hiérarchie des fonctions et l'harmonie des cœurs, la tâche sacrée d'une Eglise. Un Oratoire missionnaire enfin, qui, sous les éclairs d'un ciel d'orage, comprendrait le devoir tragique des disciples de Jésus-Christ : constituer sous la bannière de l'Evangile social, de l'Evangile complet, le *front unique* des sauveteurs, pour la délivrance des souffrants et des spoliés, pour le salut des pécheurs, pour l'avènement du Royaume de Dieu.

Votre pasteur vous lègue un second mot d'ordre : Ne craignez jamais la *vérité*. Regardez-la en face. Ne pactisez ni avec l'ignorance, ni avec l'erreur ; ne préférez jamais votre clan ou votre caste, votre parti ou votre chapelle, votre nation elle-même ou votre église, à la vérité.

« O Dieu de vérité, pour qui seul je soupire ! »... Emile Roberty vous a sans cesse détournés d'une piété qui mène à la superstition, d'un enthousiasme qui aboutit au fanatisme, d'une religion chrétienne qui ne serait plus, hélas ! le resplendissement, sur nos sentiers, de l'âme immaculée de Jésus-Christ.

Enfin, dans le testament spirituel de votre pasteur, je lis cet avertissement suprême : Ne redoutez pas la *mort*... Une de ses paroissiennes m'écrivait, ce matin : « Comme il nous aidait, comme il nous portait, *jusque dans le paradis...* »

Ah ! voilà le mot juste. Emile Roberty témoin des réalités invisibles, annonciateur de la vie éternelle... Quelle vision ! Il reculait dans la chaire comme pour prendre son élan, il se redressait comme pour croître en stature, et alors, avec un regard de flamme, il niait la mort. Parfois même, dans la manière dont il menait la discussion, brillante et rapide comme une passe d'armes, contre la thèse du néant final, aboutissement par hypothèse de toute vie, de toute pensée, de tout amour, de toute prière, de tout sacrifice, l'indignation empourprait son visage d'ivoire, et il finissait par écarter d'un geste, avec stupeur, une théorie de désespoir total, moins insupportable encore à notre cœur qu'à notre raison.

Vous l'avez vu, souriant, transfiguré, paré d'un halo de lumière, le jour où il conduisait le deuil d'un fils chéri...

Oh ! mon bien-aimé collègue, tu n'as désiré ni fleurs, ni couronnes. Mais tu nous répètes, en cet instant, par l'Esprit, avec l'apôtre : « Qui est mon espérance, ou ma joie, ou ma couronne de gloire ? N'est-ce point vous, mes frères, devant notre Seigneur Jésus ? »

Amen.

ALLOCUTION de M. GRUNER

président de la Fédération des Eglises protestantes
de France

La Fédération protestante perd en son vice-président, M. le pasteur Roberty, l'un de ses membres les plus actifs et les plus dévoués, l'un de ses plus fermes soutiens.

Il y a un an, à Strasbourg, à l'occasion de l'assemblée générale du Protestantisme français, il exposait, devant le vaste auditoire du Temple Neuf, le programme de cette Fédération qui célébrait dans cette ville l'union définitive de tous ses membres, en ces jours de patriotique et chrétienne fraternité.

« La Fédération, proclamait-il, reprend l'idéal de nos Réformateurs « et celui des hommes qui entreprirent de reconstituer nos Eglises « après la tourmente révolutionnaire ».

C'est avec confiance dans l'avenir qu'il avait salué, comme continuation de cette œuvre de fraternité, l'Assemblée mondiale des Eglises chrétiennes réunie, il y a quelques semaines, à Stockholm ; et ce ne fut pas sans quelque tristesse qu'il dut, pour réserver ses forces à son Eglise aimée de l'Oratoire, décliner le mandat de délégué que tous nous aurions voulu lui confier. Mais au moins s'occupait-il avec un intérêt passionné, dans ces dernières semaines et samedi encore, de la préparation de la grande Assemblée qu'il organisait avec un soin extrême, pour dimanche prochain, dans ce temple même, pour y faire entendre l'écho des paroles d'union prononcées là-bas.

Dieu n'a pas permis que M. Roberty pût réaliser le vœu de son cœur. Il a rappelé à Lui son fidèle serviteur, dont la voix éloquente et le cœur si tendre attiraient à l'Evangile tant d'âmes inquiètes et désemparées.

Successeur dans notre Conseil de Charles Wagner, M. le pasteur Roberty a été, parmi nous, le digne continuateur de cet infatigable apôtre de la fraternité chrétienne. Il nous laisse un grand exemple de piété accueillante et bienfaisante. Patriote ardent, il sut saisir toutes les occasions pour plaider la cause de la France victorieuse, mais meurtrie par ces longues années de guerre.

Le départ subit de notre conseiller et ami laisse dans les rangs de la Fédération un vide qui de longtemps ne pourra être comblé.

La Fédération tout entière, et l'Union des Eglises Evangéliques libres que je représente spécialement, dans la Fédération, tiennent par mon organe, à exprimer la profonde et cordiale sympathie de tous leurs membres à cette Eglise qui perd son conducteur vénéré, à cette famille qui pleure un chef aimé, qui, à vues humaines, semblait encore si nécessaire. Dieu seul peut faire descendre sur cette Eglise et cette famille si profondément affligées, des consolations effectives et leur donner la force pour poursuivre ici-bas leur œuvre et leur vie.

ALLOCUTION de M. BEIGBÉDER

secrétaire de l'Union consistoriale de la Seine

L'Union Consistoriale, qui comprend l'ensemble de toutes les Eglises Réformées de Paris et du département de la Seine, a tenu à venir, à la fin de cet émouvant service religieux et à ce moment solennel de la séparation terrestre, rendre un hommage public à son vénéré et très cher Président.

Le pasteur Emile Roberty, est entré en 1891 dans l'Ancien Consistoire, comme auxiliaire et a pris une part importante à tous les travaux de ce corps officiel. Lors de la Séparation des Eglises et de l'Etat, et de la disparition de ce corps qui en a été la conséquence, il a travaillé avec ses collègues à constituer l'Union Consistoriale, indispensable pour l'organisation et le maintien des services communs à toutes les Eglises.

Bien qu'appartenant à une tendance ecclésiastique qui n'était pas celle de la majorité des Eglises de Paris, il fut, par l'estime respectueuse de tous ses collègues, appelé à la présidence lorsque celle-ci devint vacante, par la retraite de M. le pasteur Charles Vernes, atteint par la limite d'âge.

Il possédait, en effet, à côté de l'éloquence de la chaire et de ce don naturel qui en faisait un grand conducteur d'âmes, un talent particulier pour présider et faire travailler utilement les réunions administratives. Que dire du vide qu'il laisse dans les œuvres et les Comités qui regrettent de ne pouvoir faire entendre ici leurs voix !

Mais il était, par-dessus tout, pasteur, ayant en lui-même et inspirant aux autres la plus haute idée des fonctions pastorales, et mettant à leur service toutes les ressources morales, intellectuelles, artistiques, de sa riche nature.

Il était particulièrement attaché à l'organisation du service des Diaconats et des visites pastorales des malades dans les hôpitaux, visites qu'il faisait souvent lui-même, et son dernier travail a trait à un projet de réorganisation du service de l'Aumônerie des Hôpitaux.

L'Union Consistoriale a fait une immense perte et s'associe, au nom de toutes les Eglises réformées de Paris et du département de la Seine, à l'émotion et à la douleur de la paroisse de l'Oratoire.

DISCOURS

de M. le pasteur A.-N. BERTRAND

président du Comité général de l'Union nationale
des Eglises réformées de France

Chers amis affligés, et vous tous, frères et sœurs, qui formiez la grande famille spirituelle du pasteur Roberty, l'Union Nationale des Eglises Réformées de France vous apporte l'expression d'une ardente et douloureuse sympathie. Dans toutes nos Eglises, à mesure que se répand la tragique et foudroyante nouvelle, bien des prières montent vers Dieu pour vous tous qui pleurez ici. — Et il ne faudra pas remercier nos Eglises pour cette sympathie, pour ces prières et pour les forces que vous y puiserez : en pensant à vous c'est à elles-mêmes qu'elles pensent, car elles aussi veulent pleurer, elles aussi veulent faire partie de la famille qui a perdu un de ses chefs spirituels les plus puissants, les plus vénérés.

Dans sa première stupeur devant un départ à ce point imprévu, le Comité de notre Union Nationale ne saurait séparer de sa profonde sympathie l'impression d'appauvrissement, et je dirai de solitude qu'il éprouve aujourd'hui, tant était large, tant était unique la place qu'occupait parmi nous l'ami qui vient d'entrer dans son repos.

Ne pouvant songer à lui imposer les labeurs matériels de la présidence, nous l'avions choisi comme notre vice-président ; c'est dire qu'il était là comme le conseiller, comme le frère aîné qui sait guider affectueusement, et que ses avis étaient recueillis avec une respectueuse gratitude, chaque fois qu'il y avait une décision délicate à prendre, une question embarrassante à trancher. Car son autorité spirituelle dans l'ensemble du protestantisme était incontestée, et nous savions qu'elle était tout entière au service de la grande cause que notre Union Nationale a faite sienne : la cause de l'unité organique du protestantisme réformé en France.

Nous n'essaierons pas de dire ici ce que fut la carrière du pasteur Roberty au point de vue ecclésiastique. Nous ne saurions prendre pour cela le temps nécessaire, et nous ne pensons pas non plus que ce soit ici le lieu d'évoquer de semblables souvenirs ; il y aurait là des pages douloureuses que le large et haut esprit de notre ami ne nous aurait pas permis de retracer à une heure qui doit être consacrée tout entière à la douceur d'aimer, d'espérer et de croire. Il nous suffira de constater qu'autour de son grand cœur, encore élargi par l'âge et par la souffrance mais toujours fidèle à lui-même, tout le Protestantisme Parisien était maintenant venu se grouper dans les cadres de l'Union Consistoriale, comme autour de lui s'était groupé déjà, dans les cadres de la Fédération, tout le Protestantisme Français, pour le plus spontané et le plus fraternel des hommages.

Plutôt que de retracer ici la vie ecclésiastique de notre Frère, nous voudrions montrer d'un mot comment elle fut simplement l'expression de son âme évangélique et la traduction pratique de sa piété sur ce terrain de la direction ou de l'orientation des groupes d'Eglises. qui est si dangereux pour la vie spirituelle, et sur lequel les plus fermes chrétiens ne savent pas toujours rester fidèles à leur être véritable.

*
* *

Il apportait d'abord dans la conduite des affaires ecclésiastiques cette exquise humilité de l'esprit et du cœur qui donnait tant de charme à sa personne. Combien de fois il nous a édifiés par la simplicité déférente avec laquelle il écoutait les avis des plus jeunes et des plus humbles ! Jamais il ne fut tenté d'abuser d'un prestige intellectuel et spirituel pourtant incontesté, et dont il semblait être seul à n'avoir pas conscience. Jamais il ne se refusa aux tâches les plus humbles ; il semblait les rechercher au contraire ; et les concours qu'il faut demander souvent avec insistance, sans les obtenir toujours, il les offrait avec une simplicité singulière et touchante.

Jamais surtout il ne se permit à l'égard de personne un mot amer, ou même un jugement quel qu'il fût. Son humilité avait un respect absolu pour les âmes, et même, ce qui est plus rare, pour les âmes collectives qui se créent dans les différents groupes entre lesquels se répartissent les fils de la Réforme en France. — Et si parfois la primesautière vivacité de son esprit l'incitait à quelque critique aiguë et pénétrante, on entendait aussitôt fuser son rire, ce rire inoubliable aux sonorités juvéniles et presque enfantines, par où s'attestait la persistante candeur d'un esprit qui ne consent pas à juger.

Mais s'il avait su, selon la parole apostolique, « rester un enfant

pour la malice », pour la raison il était un homme, un esprit sin-
gulièrement ferme et puissant. Il aimait l'ordre, la discipline, aussi
bien dans l'action que dans la pensée, aussi bien dans l'Eglise que
dans la Nation. Il avait en horreur ce laisser aller, cet individualisme
outré, qui n'est que la caricature de la liberté et de la spontanéité,
et qui donne parfois à quelques-unes de nos Eglises une apparence
de désordre et d'impuissance. Il voulait que chaque homme ou chaque chose fût à sa place ; on pourrait presque dire que c'était là sa
préoccupation dominante, parce que pour lui l'ordre était à la fois
la condition première et la manifestation la plus haute de la vie,
et spécialement de la vie de l'esprit. Le dernier article de lui qui
ait paru était précisément consacré à ce sujet   :   l'autorité dans
l'Eglise (1).

Mais cette autorité, cet ordre, il les voulait dans la liberté et
par la liberté ; il savait que dans une démocratie, et spécialement
dans une démocratie chrétienne, la discipline doit être librement
acceptée, l'autorité doit être reconnue par ceux qui ont à lui obéir,
et se légitimer non seulement par sa valeur spirituelle, mais par le
suffrage explicite de ses pairs.

Tout jeune encore, il avait emprunté ces principes au mouvement
du protestantisme libéral, qui lui était apparu non comme une
rupture avec la tradition mais comme un approfondissement de la
tradition, non comme une poussée de critique mais comme une
floraison de pensée et de vie mystiques, comme la recherche d'une
communion plus immédiate avec le Christ Sauveur ; et bien des
années plus tard, dans une brochure trop oubliée : « Protestantisme
libéral et mysticisme », il affirmait une fois de plus les mêmes
affinités spirituelles avec les penseurs à la fois les plus mystiques
et les plus libres du protestantisme contemporain. Ce n'est pas
fortuitement qu'il nous a laissé une biographie spirituelle d'Auguste
Bouvier qui touche à la perfection du genre, et qu'il préparait
maintenant un ouvrage analogue sur Auguste Sabatier. De ces deux
maîtres, l'un a orienté sa pensée, l'autre l'a épanouie.

Chez tous deux aussi Emile Roberty devait retrouver le souci de
l'unité protestante, car pour lui les problèmes de l'ordre, de la
liberté, de l'unité, n'étaient pas trois problèmes distincts, mais plutôt
les trois faces d'un seul et même problème, car on ne pourra unir
des chrétiens évangéliques que dans la liberté, et on ne pourra avoir
de l'ordre et de la discipline que dans une Eglise unifiée, dans le
corps de l'*Eglise Réformée de France*, enfin restitué dans son unité
organique par un effort unanime de désintéressement et d'amour.

Ainsi dans les principes ecclésiastiques de notre Frère, se trouvait

____

(1) *Evangile et Liberté*, 14 octobre 1925.

toute son âme, avec son humilité et sa charité, avec ses besoins d'ordre, de liberté, d'unité.

*
* *

Est-il besoin d'ajouter que l'*Union Nationale des Eglises Réformées de France*, dont ces principes constituent précisément le solide fondement, perd, dans la personne du pasteur Roberty, l'un de ses défenseurs, l'un de ses chefs les plus vénérés ? — Certes, nous savons bien qu'il n'est pas perdu ; non seulement notre espérance et notre affection le suivent dans la patrie céleste, mais son inspiration nous reste : il sera un de nos guides invisibles Mais pourtant, comment se défendre d'un serrement de cœur de· vant tant de forces qui nous furent reprises ? Après tant d'autres amis fidèles, après un Charles Wagner, nous fallait-il voir partir si vite un Emile Roberty ?

Oh ! comme on se sent seul, comme il fait froid dans nos âmes, après de semblables dépouillements !

Il semble que Dieu veuille rappeler solennellement à la géné· ration qui monte, qu'elle ne devra plus compter longtemps sur nous, qui avons assisté à la fondation de l'Union, mais qu'elle aura à prouver bientôt par des actes que la fécondité spirituelle de nos principes ne tenait pas seulement à l'exceptionnelle valeur religieuse de ceux qui furent nos chefs et nos guides lors de la Séparation des Eglises et de l'Etat, mais à leur vérité profonde, à leur harmonie avec la nature même de l'Evangile éternel.

Cependant pour ceux qui se sentiraient écrasés par cette tâche — pour nous-mêmes par conséquent, — nous voudrions rappeler en terminant un souvenir :

La veille du jour où devait être fondée l'Union des Eglises Réformées, Emile Roberty gravit les degrés de la chaire, et là, par sa bouche, le Maître nous donna le mot d'ordre définitif que nous attendions, et que nous fîmes serment de n'oublier jamais : « *Que servirait-il à une Eglise de gagner le monde entier si elle perdait son âme* », si elle abandonnait ce qui fait sa personnalité véritable et sa raison d'être ?

A cette voix, nous comprîmes qu'il ne s'agissait point, pour ceux qui voulaient bâtir, de savoir s'ils étaient assez nombreux, ou assez riches, ou assez grands théologiens, mais uniquement si une âme collective vivait en eux, qui était née de l'Evangile, et ne pouvait se donner au Seigneur que dans la plénitude de sa spontanéité.

Cela nous ne l'avons par oublié ; et Dieu veuille que le jour où se poseront, dans des termes que nul ne peut prévoir, les problèmes fondamentaux de l'unité réformée, nous sachions nous rappeler l'inspiration hautement désintéressée de notre grand ami : à savoir qu'il ne faudra penser ni à nos personnes, ni à nos titres, dénominations ou organisations particulières, mais uniquement à cet être mystérieux que l'Apocalypse appelle « l'ange de l'Eglise », et que nous appelons « l'âme de l'Eglise Réformée de France », cette âme qui est *une* et veut s'incarner dans un organisme qui soit *un* aussi.

Pour nous avoir ainsi guidés vers l'unité par les voies de l'humilité et de la charité ; pour nous avoir montré le visage d'un fidèle chrétien ; pour nous avoir rendu Dieu plus proche et le Sauveur plus vivant ; pour nous avoir prêché, par sa parole éloquente et sa vie plus éloquente encore, l'Evangile du service et de l'amour ; pour avoir donné à nos Eglises et à leurs conducteurs toutes les prières de son âme et toute la tendresse de son cœur, que la mémoire du pasteur Emile Roberty soit bénie !

Et que son âme, au sein de l'éternelle paix, reçoive le triple hommage de notre gratitude, de notre affection et de notre douleur.

DISCOURS de M. G. BLOT

pasteur à Lyon

Chère famille affligée, Chers Frères et Sœurs,

Au nom de l'Eglise Réformée de Lyon, au nom de son Conseil presbytéral et de ses pasteurs, j'apporte ici l'hommage d'une sym·pathie émue à ceux qui pleurent et d'une reconnaissance fidèle à celui qui sommeille dans ce cercueil. C'est la gerbe de nos souvenirs mouillés de larmes que je dépose, et qui est faite, pourrait-on dire. de toutes les fleurs du printemps de notre cher et regretté ami, car c'est le ministère de sa jeunesse que je voudrais évoquer.

L'Eglise de Lyon ne fut pas la première que desservit Emile Roberty, mais ce fut celle où il fut à même de donner, pour la première fois, toute la mesure de sa riche nature, de son activité pastorale, de son talent de prédicateur.

Le 27 mars 1882, le Consistoire de Lyon nommait, en remplace-ment de M. le pasteur Buisson, décédé, M. Jules-Emile Roberty, alors pasteur à Mantes.

Le 3o juillet, il était officiellement installé dans notre Eglise. Il devait y rester en fonctions pendant 9 années avant d'accepter la place de pasteur à l'Oratoire.

Ce que furent les débuts de ce pasteur de 26 ans dans la grande cité lyonnaise, nous le savons par ceux qui, là-bas, ont gardé le précieux et ineffaçable souvenir de son trop court ministère.

La personnalité de ce jeune conducteur d'âmes, de ce jeune prédicateur, fit aussitôt une profonde impression. Elle avait des caractéristiques bien à elle qui ne tardèrent pas à la mettre en relief.

De cette nature d'élite se dégageaient comme des effluves de jeunesse vivante et vibrante qui exerçaient, sur tous les fidèles, un attrait irrésistible. M. Roberty allait trouver aussitôt, dans ce champ d'activité que lui offrait l'Eglise de Lyon, un milieu capable d'appré-cier, à la fois, tout ce qui constitua plus tard la diversité de ses dons s'harmonisant si bien dans l'unité de son ministère : une intel·ligence ayant de larges ouvertures sur tous les domaines de la pensée, un cœur chaud et ardent pour toutes les belles causes, une parole à la note nerveuse, incisive, un talent délicat et distingué, toujours original et toujours sûr de lui-même.

Au sein de cette Eglise de Lyon, il devait exercer sa mission pastorale dans deux champs d'action très différents. Il y réussit avec un égal succès. Le quartier populaire de Vaise, qu'il devait desservir, lui offrait l'occasion d'entrer en contact avec le monde ouvrier. Il sut se mettre à la portée de ces âmes simples en leur prêchant un christianisme social dont nous retrouvons les premiers échos dans une brochure datée de 1886, où il relate ses impressions à la suite d'une conférence faite à Rive-de-Gier. Mais il avait aussi à remplir son ministère dans la partie la plus intellectuelle, la plus affinée de l'Eglise ; et là, sa prédication obtint rapidement la faveur du public cultivé, grâce à sa forme impressive et à l'influence bénie qui s'en dégageait. On appréciait en lui l'orateur qui savait mêler les aspirations de l'âme moderne la plus éclairée aux orientations de la pensée du jour dans un christianisme à la foi religieuse la plus large et à la vie spirituelle la plus intense.

Les neufs années passées à Lyon furent donc décisives pour la personnalité si pleinement douée d'Emile Roberty. Ce furent neuf années de formation, d'apprentissage, de prise de possession de soi-même, aboutissant à la complète maîtrise. C'est durant cette période de sa vie qu'il amassa une grande partie des trésors que son âme, pendant 34 ans, versa du haut de cette chaire dans vos âmes.

Aussi quelle profonde affection il gardait à sa chère Eglise de Lyon. Si c'était là qu'il avait trouvé les premières grandes bénédictions de son ministère, c'était là aussi qu'il avait rencontré ses plus douces joies d'ordre intime. C'est là qu'il s'était créé un foyer, qu'il s'était associé la digne et vaillante compagne de sa vie, qu'il avait connu les premières douceurs et les premiers deuils de la famille. C'est là qu'il aimait à retrouver le groupe fidèle des amis de la première heure, ceux qu'il avait introduits dans la vie religieuse, qu'il continuait à éclairer de ses conseils ou à soutenir de ses consolations. Que d'âmes qui ne devaient plus, dans cette Eglise oublier son souvenir, laisser s'effacer son empreinte !

De là sa joie quand il revenait parmi nous ; quand il remontait dans cette chaire de notre Vieux Temple, du haut de laquelle, me disait-il, récemment encore, « je revois toute ma jeunesse et toute la jeunesse de jadis dans votre Eglise ».

Et comme nous étions heureux, nous aussi, de faire appel à son concours dévoué, à sa voix si autorisée, chaque fois que nous avions une solennité d'importance ou une grande cause à plaider pour nos Eglises.

Aussi avons-nous ressenti, avec une tristesse particulièrement douloureuse, le coup soudain qui vient de frapper votre Eglise et toutes les Eglises. Mais, pour nous, Lyonnais, nous le resterons d'une façon spécialement intime, car c'est comme un deuil de famille que nous partageons aujourd'hui avec l'Eglise de l'Oratoire.

Si le protestantisme français se groupe tout entier autour de ce cercueil, on peut dire qu'il y a, de chaque côté de ce catafalque, l'image de deux Eglises agenouillées et en pleurs : c'est celle de Paris et c'est celle de Lyon.

La première verse des larmes à la pensée du fidèle et distingué pasteur qui, jusqu'à son dernier soupir, lui a donné tout l'épanouissement de son talent, toute la maturité de son expérience, toutes les moissons de sa grande âme de chrétien, lumineuse et aimante ; mais la seconde — l'Eglise de Lyon — *se souvient des jours anciens*, et elle pleure en silence auprès de sa sœur, celui qu'elle a connu en pleine jeunesse, à l'heure où se levait pour lui l'aube rayonnante d'une longue journée glorieuse, et où elle voyait le bon ouvrier se mettre à l'œuvre pour tracer avec joie et avec foi, la ligne de son premier sillon, qu'il poursuit maintenant dans l'Infini, sous le regard de son Divin Maître !

ALLOCUTION

prononcée au cimetière

par M. Wautier d'AYGALLIERS

pasteur du Foyer de l'âme

On évoquait, tout à l'heure, devant vous deux Eglises en pleurs, agenouillées près de ce cercueil : l'Eglise de Lyon et l'Eglise de l'Oratoire.

Il en est une troisième qui porte avec vous votre deuil immense et qui, en cet instant même, par la voix de votre serviteur, veut donner une expression à sa douleur et à sa gratitude : l'Eglise du « Foyer de l'Ame ». Comment oublier, devant cette fosse ouverte, que le pasteur Roberty est tombé à l'heure où nous l'attendions au Foyer de l'Ame, hôte aimé et trop rare... qu'il est tombé, revêtu de sa redingote pastorale avec, dans sa poche, le discours qu'il nous destinait ? A l'heure où déjà s'entr'ouvraient, pour lui laisser passage, les portes de la Vie Eternelle, son esprit était tourné vers notre maison qu'un grand souvenir lui rendait si chère. Ah ! si, comme je le crois, le tissu de notre vie s'organise selon une sûre direction, si les mouvements de notre esprit, même les plus imper-ceptibles, répondent à une Réalité, dissimulée derrière le mouvant rideau de nos jours, comment ne pas voir, dans les circonstances magnifiquement tragiques de cette mort, plus qu'une aveugle coïn-cidence ? Ce que nous savons des lois du monde spirituel nous permettent de penser — oh ! laissez-nous cette joie douloureuse — qu'il y a là une consécration suprême, solennelle, d'une affection « fidèle jusqu'à la mort ».

Cette affection avait sa source, sans doute, dans l'identité des aspirations du pasteur Roberty avec les nôtres, et elle se manifestait, ces jours derniers encore, par des encouragements et des conseils que nous faisons entrer, désormais, comme des éléments de choix, dans notre patrimoine spirituel. Mais avant tout, cette sollicitude à notre égard était une des formes — entre beaucoup — que le pasteur Roberty donnait à une incomparable amitié. Et cette amitié doit être rappelée ici, car si elle éclaire le deuil des amis et de la famille de Charles Wagner, elle s'attache, d'autre part, au ministère parisien du pasteur Roberty, depuis le premier jour, et à toutes les circonstances, heureuses ou douloureuses, de votre vie familiale : par sa pureté, par son désintéressement profond et sa portée insoup-çonnée, elle est du domaine que la mort ne peut attaquer.

Wagner et Roberty ! Ces deux personnalités, si différentes d'aspect, de tempérament, s'étaient reconnues sœurs. Le pasteur, lui aussi, plus qu'un autre peut-être, a besoin d'un pasteur. Le monde ne connaît rien des découragements qui passent parfois sur ceux qui ont charge d'âmes. Plus ils sont grands, plus ils sont solitaires. A qui iraient-ils, dans la peine ou dans le désarroi, eux qui doivent guider les autres ? Quand Wagner, excédé des querelles d'Eglise, brisé par la douleur, incertain de la route à suivre, cherchait une âme où épancher sa grande âme douloureuse, il trouvait Roberty. Nul ne saura le secret de ces entretiens sacrés, mais ce que vous devez savoir, chers amis affligés, c'est que jamais Wagner n'est ressorti sans avoir retrouvé, près de l'ami, la force et le courage. Et lorsqu'arriva l'heure suprême, ce fut encore votre bien-aimé qui fut désiré et appelé, et qui, par la puissance surnaturelle de sa foi, sut faire rayonner ce lit de mort de toutes les clartés de la Trans-figuration.

Une paroissienne, rappelant ces souvenirs, m'écrivait ce matin : « Les deux vieux amis se sont retrouvés. Ils vont mettre à nouveau leurs mains l'une dans l'autre et recommencer à travailler pour nous ».

Une telle parole est si profondément d'accord avec la foi du pasteur Roberty dans la vie éternelle, considérée comme une activité illimitée, que je ne redoute pas de m'en saisir, dans cette triste nuit d'hiver, où nous n'avons, pour nous éclairer, que les pressentiments de nos cœurs — plus certains souvent que les démonstrations les mieux établies. Quel invisible messager de l'Au-delà avait visité le cœur de notre ami, pour lui donner cette certitude impressionnante devant la mort ? Il chantait véritablement la Vie immortelle et tels étaient les accents de cette voix incomparable qu'elle obligeait, pour ainsi dire, les fronts courbés à se relever et que la légitime douleur des affligés se diluait progressivement, comme fondent les brumes, pour laisser toute la place aux lumineux horizons du monde supé-rieur.

Il y a quelques années, se promenant avec une de ses filles sur les bords des lacs italiens, notre ami s'arrêta soudain, saisi d'extase devant la splendeur de ce paysage d'eaux et de montagnes. Et frap-pant sur l'épaule de sa compagne, associant en esprit la beauté du spectacle aux gloires qu'il pressentait : « Je voudrais, dit-il, quand je serai mort, que vous ayez la conviction de n'avoir devant vous qu'un cadavre ».

Et voici où la douleur doit céder le pas au devoir. Nous n'aurions rien compris, en effet, à la voix de cet homme ; nous n'aurions rien saisi de la prodigieuse effervescence spirituelle de cette âme pastorale, rien compris à ce rayonnement de sa figure, à ce tempérament passionné qui, jusqu'à l'épuisement, s'évertuait à faire passer sa conviction dans l'âme incertaine de milliers de malheureux... si, en cet instant même, par la seule force de l'amour, nous ne dépassions pas ce cimetière et cette bruine et toute cette nuit, pour nous rattacher délibérement et pour toujours à sa personnalité épanouie et immortellement vivante...

Ah ! comprenez-moi bien : il ne s'agit pas de nous arracher à l'humaine tendresse et de mépriser les droits incontestables du cœur... Si les objets matériels nous sont chers, si nous recueillons comme des reliques le livre où demeure la trace des mains aimées et les vêtements dont les plis conservent les mouvements de la vie, la tombe nous est plus chère encore. Car la pierre qui la marque nous apparaît comme une pierre de seuil appartenant par une moitié à la demeure familiale, par l'autre moitié au monde mystérieux que le Christ appelait la maison de son Père.

Nous viendrons donc sur cette tombe où ce grand serviteur de l'Evangile repose près de son fils, notre cher ami Maurice Roberty. Nous y viendrons pleurer et prier, nous recueillir loin de la ville tumultueuse, non pour céder à la dévotion matérielle des reliques, mais pour nous affermir dans la vie bonne et la vie utile et nous joindre par le cœur à ceux qui ne sont pas des disparus, mais des invisibles. Et pour nous, spécialement, ses amis et ses disciples, nous nous sentirons engagés à payer notre dette de gratitude sur la tête de ceux que le pasteur Roberty a le plus aimés dans ce pauvre monde : sa femme, la discrète inspiratrice de son ministère, ses enfants et ses petits-enfants, fournissant ainsi une démonstration nouvelle à l'antique parole : « l'Amour est plus fort que la mort. »

Le Cadavre et les Vautours [1]

> *Où sera le cadavre, là s'assembleront*
> *les vautours.*   (Luc XVII, 37.)

Mes Frères,

La tradition évangélique primitive ne nous a laissé des paroles prononcées par le Christ sur les « choses finales », sur la ruine de Jérusalem ou la « fin du monde », ou l'établissement définitif du Royaume de Dieu ici bas, que des fragments informes, difficilement conciliables entre eux, mais dont quelques-uns portent la marque de leur beauté première, semblables à certains blocs de marbre tombés du fronton des temples de l'antiquité, qui gisent maintenant dans la poussière, et sur lesquels se voit encore la marque d'un sculpteur de génie.

La parole que nous méditons ce matin est un de ces blocs superbes, et nous y trouvons quelques indications sur la nature des prophéties bibliques et de ce qu'on appelle « les jugements de Dieu ».

Les disciples, plus ou moins esclaves de la tradition populaire concernant les prophéties miraculeuses, s'attendent à des explications détaillées, et demandent à Jésus : « Maître, quand ces choses arriveront-elles, et quel sera le signe qu'elles vont toutes s'accomplir ? » [2] Mais le Christ ne se prête pas à des curiosités de cette sorte ; il se contente d'affirmer un principe, de formuler une loi sur l'immuabilité de laquelle il fonde l'accomplissement de la promesse. Il suit la même rive — pourrait-on dire à ceux d'entre nous qui aiment à trouver des analogies entre la démarche de l'esprit religieux et celle de l'esprit scientifique — il prophétise de la même manière, dans l'ordre moral ou religieux, qu'un physiologiste, par exemple, annonçant tel phénomène qui se produira, à un moment donné, dans l'organisme humain. Pour prédire les modifications que subit notre organisme dans l'état de santé ou de maladie, il faut au physiologiste ou au médecin, la connaissance des lois physiologiques

---

(1) Dernier sermon prononcé par le pasteur Roberty, le 8 Novembre 1925, à l'Oratoire du Louvre.
(2) Marc, XIII, 4.

ou physiques. Pour annoncer la modification que subit l'organisme des peuples, il faut au prophète la connaissance ou l'intuition des lois de la vie collective et notre Maître les connaissait ou les pressentait mieux que personne en raison de sa sainteté parfaite qui le rendait extrêmement sensible précisément à tout ce que pouvait détruire ou désorganiser la vie morale de la société.

Quelle est donc cette loi du monde moral à laquelle Jésus fait allusion dans mon texte ? Et le Seigneur répondit : « Là où est le cadavre » — c'est-à-dire là où se constate la corruption, le désordre l'immoralité — « là s'assemblent les vautours », là viendront la ruine et le carnage.

Telle serait donc la nature et la portée des prophéties religieuses et, j'ajouterais, de toutes les « paroles prophétiques » prononcées dans l'histoire. Il est des lois de la vie des peuples. Les hommes qui vivent en communion avec un haut idéal moral et social, disons, si vous voulez, en communion avec Dieu, connaissent ces lois supérieures et les appliquent à l'état des empires et des institutions ; s'ils les trouvent dans une situation que ces lois condamnent, ils s'écrient : « ces nations périront, si elles ne se repentent pas ; elles deviendront la proie des vautours ! » La célèbre prophétie de Savonarole sur la ruine de Florence est fondée sur les mêmes principes.

Le Christ pressentit très vite le misérable état de Jérusalem pressurée par les puissants Sadducéens, aveuglée par le fanatisme des pharisiens, et aussi par une attente d'un « Royaume de Dieu » fondé principalement sur la force militaire ; il prédit une catastrophe prochaine, mais son regard prophétique perce loin dans l'avenir, et ses paroles vont jusqu'à formuler la loi même de tous les jugements destructeurs de l'Eternel : partout où se découvre une corruption radicale, une puissance formidable intervient qui détruit tout. *Là où est le cadavre, là s'assemblent les vautours.*

Voyez maintenant comme l'image dont se sert ici le Maître est d'un idéalisme saisissant.

Quand un animal sauvage ou une bête de somme tombe morte dans le désert, on ne voit tout d'abord aucune tache ni aucune agitation dans le ciel embrasé de lumière. Cependant, bien au-delà du regard des hommes, le vautour plane, presque immobile sur ses ailes, et ses yeux sont fixés vers la terre. Bientôt, sa vue, d'une acuité sans égale, perçoit la forme qui gît sans mouvement sur le sol, et, comme une pierre, il tombe sur elle, de mille pieds dans les airs. D'autres oiseaux qui planent dans les mêmes hautes régions voient la descente foudroyante de leur compagnon et savent ce qu'elle signifie. Les unes après les autres, de petites taches noires surgissent de tous les points de l'horizon, et en deux ou trois minutes, cinquante vautours sont là, déchiquetant le cadavre, les ailes repliées.

Les disciples avaient assisté souvent à des scènes de ce genre et aucune image ne pouvait leur faire mieux saisir la soudaineté, le caractère nécessaire et terrible des jugements de Dieu. Dès que la putréfaction a commencé, aucun délai n'est accordé. Irrésistible, rapide et sûre comme la descente des vautours, s'abat la justice divine sur les institutions et les collectivités corrompues.

Voici donc, d'après l'enseignement évangélique, et il faut ajouter, d'après l'expérience de l'histoire universelle, quelle serait la loi des jugements divins. Là où se manifeste une corruption totale — très rare d'ailleurs — dans l'ordre moral, intellectuel et économique, là s'installe la ruine définitive. L'effet de cette loi se fait sentir avec une rapidité inversement proportionnelle à l'étendue de la surface attaquée : au bout de deux ou trois générations, pour une famille ; plus tard, pour un groupe social ou une institution ; beaucoup plus tard, pour tout un peuple. D'autre part, là où il n'y a que corruption partielle, ne sévissent que des châtiments partiels et auxquels un réveil de la conscience et de l'énergie peut remédier.

C'est à la lumière de ces réflexions qu'on peut essayer d'envisager « la moralité de l'histoire » (malgré toutes les réserves qu'il faut faire au sujet de cette formule, et que nous n'avons pas le temps de présenter ici).

On s'élève parfois avec indignation contre certains jugements de Dieu, tels que nous les rapportent, enveloppés de légendes, les anciens souvenirs des Hébreux. On prétend que le déluge, la destruction de Sodome et Gomorrhe, ne peuvent être l'œuvre d'un Dieu qui nous aime. Mais, en formulant ces accusations, on oublie que le simple effet des lois relatives à la vie, à la prospérité ou à l'anéantissement des peuples, est toujours envisagé, dans la Bible, au point de vue religieux, toujours considéré comme l'expression de la volonté de Dieu, de même que nous disons quand quelqu'un se ruine pour s'être adonné à la paresse, au jeu ou à la débauche, ou meurt pour avoir désobéi aux règles de l'hygiène : Dieu l'a puni.

En raison même de son caractère tel que nous l'ont représenté Ses plus grands Inspirés, Dieu ne peut pas ne pas détruire ce qui mérite de l'être. Il est obligé d'assainir la terre. Si, à certaines époques, on n'entendait pas la chute des empires pourris, des institutions vermoulues par le péché ; si la main de l'Eternel ne s'appesantissait pas de temps à autre, sur tel peuple, telle classe sociale, tel groupe de financiers qui ruinent la monnaie de leur pays pour augmenter leurs richesses personnelles, l'atmosphère terrestre deviendrait irrespirable. Il faut que les vautours dévorent les cadavres pour que ceux-ci ne répandent pas la peste autour d'eux.

Telle est l'œuvre de la justice de Dieu. Elle ne ressemble en rien, comme on l'a trop souvent dit en interprètant l'Ecriture trop à la hâte, à des actes de colère ou aux caprices de la tyrannie. Elle n'est, dans les catastrophes collectives contenues dans les annales d'Israël, que l'inévitable résultat de lois morales, sociales, économiques, étudiées non plus par l'intelligence impersonnelle du philosophe, mais interprétées par la conscience d'un peuple croyant. Ajoutez que la colère est faite d'impatience, d'irréflexion, de passion, mais la justice divine qui circule au sein des choses, la justice immanente qui sort des évènements comme l'eau sort de la source, tient compte forcément de tous les accidents du terrain, je veux dire cède devant tous les repentirs, se détourne devant les retours passagers à la raison ; la justice immanente attend, délibère, distingue avec soin dans une époque de corruption, les quelques justes qui luttent pour le relèvement de leur pays, ne laisse pas une prière, pas un dévouement obscur, pas un acte de pureté ou de charité, sans accorder à cet acte, à ce dévouement, à cette prière, l'exact pouvoir de régénération auquel ils ont droit. Mais quand tous les avertissements de Dieu demeurent inutiles, quand la longue patience de la justice n'amène plus aucun bienfait, quand, pour arrêter le travail de la décomposition, Dieu n'aperçoit plus, dans un peuple, dans une famille, aucun effort, alors, rapides comme le vent, apparaissent les vautours inexorables.

Combien peu, la justice de notre Dieu ressemble à la colère — j'insiste sur ce point — nous en avons un symbole magnifique dans la prière d'Abraham au sujet de Sodome et dans la réponse de l'Eternel. Au patriarche qui s'écrie : « Feras-tu périr le juste avec le mécréant et ne pardonneras-tu pas à la ville à cause des cinquante justes qui sont au milieu d'elle ? » Dieu répondit : « Si je trouve dans la ville cinquante justes, je lui pardonnerai à cause d'eux ».

Puis Abraham reprend : « Mais peut-être ne s'en trouve-t-il que quarante-cinq..., peut-être que trente..., que vingt, que dix... » Et l'Eternel répondit : « Je ne la détruirai pas à cause de ces dix justes ». Quelle patience, que de scrupules, quelle justice toute pénétrée d'amour !

Mais le regard de l'Eternel ne découvrit en Sodome aucune trace de justice, et Sodome fut détruite. L'épargner eut été un acte de suprême iniquité. Il arrive un moment dans la vie d'un peuple où en avoir pitié, c'est ne pas avoir pitié du monde entier.

C'est en tenant compte des réflexions qui précèdent, qu'on est autorisé à oser parler des jugements de Dieu dans l'histoire contemporaine, et « de nous instruire à salut ». Mais n'imaginez pas que la Bible seule nous offre le spectacle des jugements de Dieu. L'esprit même de la Bible étend ces sortes de jugements à l'histoire universelle, et nous sommes en droit de dire, en restant fidèles à l'esprit des narrations bibliques, que partout où dans notre Europe, par exemple, un malheur descend sur un peuple, une institution, un gouvernement, cette catastrophe est aussi bien l'œuvre de Dieu que la ruine de Sodome, ou la destruction de Jérusalem. C'est ici qu'il conviendrait de montrer, dans l'état religieux, politique et économique de l'Empire d'Autriche, par exemple, ou de la Turquie d'Europe, dans la violation continue, sans répit, des lois mêmes de la vie nationale et internationale, la cause secrète de leurs malheurs et de ces formidables descentes de vautours sur toutes les parties de leur organisme national.

Mais nous sommes ici entre Français. Nous n'avons pas à nous en prendre à des étrangers. Le premier devoir du prédicateur de l'Evangile est de parler à ceux qu'il a devant lui.

Les jugements de Dieu n'ont pas été épargnés aux institutions, gouvernements, classes sociales de notre bien-aimé pays, dans sa longue, douloureuse et magnifique histoire. Que de révolutions, que de ruines et de sang ! Que de gloires et de triomphes, mais aussi que de hontes ! Quelle miraculeuse délivrance de la France en septembre 1914 !

Oui, Dieu protège la France, mais sa patience ne se lassera-t-elle pas ? Eh bien, je viens vous dire, au nom du Dieu vivant, qu'il dépend de vous d'éloigner de notre patrie de nouveaux malheurs, non plus seulement de nouveaux désastres matériels ou des désastres moraux, mais les vautours plus terribles de la corruption sociale, de l'avilissement des caractères, les vrais vautours de la mort. Oubliez les merveilles de l'Expostiion des Arts Décoratifs, ouvrez les yeux, rendez-vous compte de la situation de notre peuple et rendez-vous compte de vos devoirs. Dites vous : je puis, en tant que Français, que Française, en tant que membre de ce grand corps qui s'appelle la patrie, je puis par ma conduite et mes paroles, par l'orientation de ma vie, hâter ce travail de la corruption ou celui de la régénération d'un pays, il est en mon pouvoir d'attirer sur mon pays les effets de cette loi immuable qui lie la destruction à la corruption, ou de chérir ces règles de la conduite et de la pensée qui contribuent à entretenir dans les veines d'un peuple la santé et la vie. Et voici ces règles : l'honnêteté publique et privée, l'obéissance aux lois, la moralité domestique, la haine des spectacles cor-

rupteurs et des richesses acquises sans travail, l'amour et le respect
de la famille, et en même temps le souci constant de vos devoirs
d'homme et de citoyen, un patriotisme éclairé qui ne consent à se
séparer d'aucune des pures gloires de la France monarchique, impé-
riale ou républicaine, et non pas à cette hystérie nationaliste, née
d'hier, qui voudrait exclure de la communion française les protestants de France et qui, pour porter le drapeau de la patrie, ose
appeler à son aide les ennemis séculaires et mille fois maudits de
son libre et loyal génie ; l'amour de la science, afin de développer
l'esprit scientifique et soutenir les droits de la pensée libre et de
la foi libre, et non pas ces encouragements de sacristie à l'ignorance
et l'hébétude intellectuelle, qui font fleurir dans les âmes le fanatisme et la superstition ; moins d'orgueil et de morgue dans nos
rapports sociaux, moins de ces préjugés homicides qui séparent les
classes, plus d'intelligente sympathie pour le peuple des ouvriers
et des paysans qui constituent l'imposante réserve des forces du
pays, et plus de véritable amour...

Si non, si vous n'agissez pas dans ce sens, si vous continuez à
dire : Cela ne me regarde pas, « suis-je le gardien de mes frères ? »,
aussi vrai qu'on ne se moque pas impunément de l'Eternel, aussi
vrai que Dieu existe et que ses lois sont immuables, un nouveau
malheur fondra sur notre patrie ; les vautours de la mort et de la
honte s'abattront sur nous. Mais nous voulons vivre, O Dieu ! nous
voulons que notre bien-aimé pays se relève et retrouve toutes ses
gloires, tout son génie. Esprit divin, suscite des chrétiens et des
Français qui n'oublient point le solennel avertissement de ta Parole :
« Là où est le cadavre, là s'assemblent les vautours ». — Amen.

Avertissements et devoirs [1]

Aucun Conseil d'Eglise n'a d'ordres à vous donner en vue des élections. Vous êtes tous jaloux de votre indépendance politique : elle vous est aussi chère que votre liberté religieuse. Mais nous sommes assurés d'exprimer la pensée directrice de votre patriotisme en vous rappelant, dans les circonstances dramatiques que traverse notre pays, la maxime de notre vénéré Théodore de Bèze : « Les peuples n'ont pas été créés pour les magistrats, mais les magistrats pour les peuples ».

Oui, la France victorieuse, mais affaiblie par tout le sang qu'elle a perdu, veut d'abord des hommes qui la servent et qui la guérissent. Elle demande des représentants intègres, sérieux, respectueux du travail et des conditions du travail, passionnés de justice pour tous, ouvriers des champs, employés et employeurs, industriels et commerçants, professeurs et étudiants, croyants et libres penseurs. La lutte entre les classes, qu'elle est forcée de constater, lui paraît aussi criminelle que la guerre entre les nations, et elle réserve son admiration pour une autre beauté que celle des guerres civiles.

La France cherche de vrais démocrates — ils sont rares — respectueux des ordonnances de la République et qui, après avoir formulé des lois, s'empressent eux-mêmes de leur obéir et d'en exiger la rigoureuse application. Pas d'autre souveraineté chez nous que la souveraineté de la Loi, librement délibérée par les représentants de tous les citoyens, seule expression légitime de la volonté populaire.

La France réclame des dirigeants qui ne considèrent pas la vie morale comme inutile à la prospérité nationale, et qui affirment que l'éducation religieuse de la conscience est la première condition de la vitalité d'un peuple.

La France, enfin, non pas toujours celle qui parle dans les réunions publiques, mais celle qui souffre dans ses régions dévastées et qui travaille silencieusement dans toutes les provinces, supplie

(1) Nous avons groupé sous ce titre, et sous le titre « Consolations et certitudes », quelques paroles mémorables extraites de divers discours de M. le pasteur Roberty.

qu'on l'aime et qu'on ai pitié d'elle, comme le Christ a aimé sa patrie et a eu pitié de Jérusalem.

A vous, disciples de la Réforme française, de vous inspirer d'un tel exemple et de vous détourner de l'esprit du monde, esclave de la frivolité, de la convoitise et de la vénalité, pour ne vouloir — fût-ce à vos dépens — que le salut immédiat de la patrie.

** **

Qu'est-ce que ce défaut d'organisation qu'on nous reproche si souvent, à nous Français, sinon une réelle incompréhension de la valeur de l'autorité dans le service pratique d'une collectivité quelconque, et une incapacité d'obéir, à moins d'y être matériellement forcé, comme si l'obéissance, même volontaire, nous apparaissait toujours comme une forme de l'asservissement !

La loi, dans une démocratie, — et j'en dirai autant de l'Eglise Réformée quand son organisme n'est pas faussé par un individualisme mal compris — la loi, dans un pays démocratique, est toujours, au moins pendant un temps, l'expression de la nation. Et celle-ci possède toutes les armes nécessaires pour abolir ou faire reviser les lois qui ne correspondent plus aux dernières évolutions de la justice et du droit.

C'est pourquoi la révolte, la désobéissance, dans une démocratie, constituent non seulement un crime mais une véritable stupidité, c'est la révolte de la nation contre la nation, du souverain contre le souverain ; tandis que, dans une organisation autocratique, comme dans l'ancienne Russie des tsars, la révolte, la désobéissance, deviennent les uniques moyens laissés à la volonté de la nation, pour s'affirmer. Désobéir peut devenir le plus saint des devoirs. D'où la légitimité de l'insurrection dans une organisation autocratique, et son caractère criminel et absurde dans une démocratie.

Si vous n'obéissez aux lois que par crainte de la punition, cette punition peut souvent être évitée, et la loi tournée, grâce à d'ingénieux stratagèmes. Mais si vous avez une conscience et que vous considériez ses ordres comme revêtus d'une valeur divine, même dans la plus grande solitude, et même à l'abri de l'opinion du monde ou d'une situation qui vous place au-dessus des autres hommes, même en face des plus grands dangers, vous vous sentez lié à la volonté de Dieu, et vous obéissez par devoir, parce que c'est toujours un devoir de croire au devoir, quand même le monde entier se liguerait contre vous pour vous démontrer le contraire.

La culture religieuse de la conscience pour former de bons citoyens, tel doit être plus que jamais le but de tous les éducateurs de la nation. Un peuple, à la rigueur, peut se passer de **grands**

savants et de grands artistes ; il ne peut vivre sans citoyens respectueux de la loi dans le service le plus solitaire et le moins surveillé.

*
**

Défendre les droits des peuples par l'association entre les peuples,
tel est, pour la Société des Nations, le formidable problème à ré-
soudre. Mais ni l'intérêt bien entendu, ni la juste horreur de la
guerre, ni les considérations économiques les plus exactes, ni l'organisation internationale du travail — et combien celle-ci est nécessaire ! — ni les progrès de la plus clairvoyante raison — et c'est
la raison française ! — ni la garantie d'une police, nombreuse et
bien armée, ni les adjurations les plus éloquentes ou les traités les
mieux établis n'auront le pouvoir, à eux seuls, de transformer la
vérité de la Société des Nations en une réalité durable, si nous ne
parvenons à insérer dans nos volontés et dans nos consciences cette
puissance, hélas si méprisée, et que nous, croyants, nous appelons
l'Esprit de Jésus-Christ.

Il existe des individualités véritablement chrétiennes, des familles
véritablement chrétiennes. Pourquoi les nations ne le deviendraient-
elles jamais ? Pourquoi seraient-elles à jamais incapables de réaliser l'idéal international de l'Évangile ? Pourquoi surtout la France
se mettrait-elle à douter de l'efficacité de son meilleur génie, qui,
plus que le génie de tout autre peuple, aspire et veut concourir à
la félicité universelle ?

Que la démocratie française refuse de se laisser détourner de sa
route par les risées des sceptiques : qu'elle reste fidèle aux exigences
de son âme héroïque aussi bien que de sa raison, et que les chrétiens
consentent enfin à ne pas renier leur Maître, mais au contraire à
embrasser dans son étendue mondiale, la pensée évangélique, tels
doivent être, en ces jours où la France, victorieuse, ressuscite, notre
souci constant et notre plus fervente prière.

*
**

Jésus n'a rien écrit, ni ordonné à ses disciples d'écrire. Il n'a
pris aucune précaution pour conserver intacte la lettre de sa doc-
trine. Il n'a laissé ni code, ni catéchisme. Il n'a pas supposé un
instant l'existence d'Églises qui usurperaient son autorité, ni la
formation d'un recueil, appelé le Nouveau-Testament, avec les
passages duquel les chrétiens se déchireraient entre eux. Il a été
le grand Croyant en la puissance et la lumière de l'Esprit. Il a été
le vrai fondateur de la foi libre, antidogmatique, spontanée et directe
comme le désir. Songez qu'il poussait si loin le respect pour la

conscience et la liberté spirituelle des siens, qu'après lui, la plupart de ses apôtres se demandent si, pour lui demeurer fidèles, ils doivent rester juifs ou rompre avec la synagogue ! Le Maître les avait laissés libres !

Faut-il qu'une semblable religion ait été démentie, faussée par ses sectateurs, pour qu'elle ne soit pas aujourd'hui, comme elle le fut aux premières heures de sa jeunesse, une incomparable semeuse de liberté dans les âmes !

*

Que diriez-vous d'un « refuge » dans la montagne sur la porte duquel on lirait : Défense aux égarés d'entrer ! ou d'un hôpital dont l'accès serait interdit aux malades ! Eh bien, je pense à des exemples de cette sorte, quand je vois nos Eglises barricader leur porte d'entrée ! Je pense à ceux auxquels notre Sauveur, seul chef de notre Eglise, ouvrait ses bras, et qui, tous, étaient précisément des âmes malades, ou perdues, ou extraordinairement « faibles en la foi » !

Je pense que notre rigidité n'est le plus souvent qu'un insupportable orgueil, et je vous crie bien plutôt : Repentons-nous ! c'est nous les plus coupables. Repentons-nous ! Nous avons eu un langage affecté, des allures cléricales. Nous avons été raides, pédants, fanatiques de la lettre, nous avons commis le crime de nous excommunier entre hérétiques, entre enfants de la Réforme ! Notre justice n'a pas surpassé celle des Pharisiens, nous n'avons été justes qu'avec nos égaux selon le monde, et notre amour a été semblable à celui des péagers, nous n'avons aimé que ceux qui nous aimaient.

*

Contrairement à ce que l'on pense d'ordinaire, le sentiment religieux — je ne dis pas le sentiment chrétien et encore moins le sentiment évangélique et galiléen, mais celui-ci est extrêmement rare — je dis le sentiment religieux, livré à lui-même, n'est pas spiritualiste. Il demande constamment des dieux qui marchent sur la terre. Il est par nature idolâtre et violent, ennemi de la science, passionné d'autorités charnelles, de reliques et de magie. C'est pourquoi certains esprits simplistes, bien intentionnés parfois, mais d'une ignorance complète de la nature humaine, et des plus angoissants problèmes de la vie, veulent le détruire. Peine perdue. Il rejaillit quelques années plus tard, plus vigoureux et plus intolérant que jamais. Il aboutit dans le catholicisme, à la glorification d'un sacerdoce infaillible, à la divinisation du prêtre, à l'épouvantable erreur du sacrifice de la messe, et, dans le protestantisme, à l'individualisme sectaire, à la destruction de la réalité même de l'Eglise. Plus que toute autre énergie de l'âme, le sentiment religieux a besoin d'être éclairé, purifié, évangélisé. Pour qu'il répande ses bénédictions sur le monde, il faut qu'il soit sans cesse mis en relation avec l'esprit religieux le plus pur, le plus saint, le plus aimant, le plus dégagé des vieux cultes de la chair, de la lettre et de la « Loi », le plus favorable à l'enrichissement de l'âme que l'humanité ait jamais connu, je veux dire l'esprit de Jésus-Christ, et cet office magnifique, seule la théologie protestante peut le remplir, parce qu'elle seule travaille dans des conditions qui lui permettent de retrouver l'esprit évangélique sous l'amoncellement des traditions du passé, des ronces et des épines dont le sentiment religieux de « l'homme naturel » (pour employer l'expression de l'apôtre), encombre toutes les routes de la pensée.

*
* *

Soutenez, encouragez le culte de la foi toute pure, pratiqué par les apôtres et retrouvé par la Réforme. Soyez-en fiers. Il n'est pas parfait ? Améliorez-le ; intéressez-vous à ses destinées dans notre patrie ; convertissez ceux des membres de votre famille ou de vos amis qui tendent à le supprimer en ne le fréquentant pas !... Quand on pense à ce qu'il a coûté d'héroïsme et de sang pour être célébré librement dans notre France !... Tous les dimanches, l'Eglise protestante invite les fidèles à se réunir pour prier ensemble et rencontrer Dieu ; les trois quarts des protestants n'envoient aucune réponse. On répond à une invitation à un repas ; on s'excuse ou on accepte, mais enfin on fait un geste ; on répond à une lettre de faire-part : on consent, par politesse, ou par un juste instinct social — et l'on fait bien — à s'imposer de réelles corvées, mais à l'invitation de Jésus-Christ qui se répète chaque semaine, des milliers de protestants ne répondent que par le silence, l'abstention, le vide. Quelle insouciance, ou quel dédain, ou quelle grossièreté !... Mais vous, les vrais fidèles, montrez-vous donc les défenseurs de notre culte, en en faisant goûter la valeur à ceux qui sont assez légers ou ignorants pour ne l'avoir pas encore reconnue !

Savez-vous ce que vous devez étudier toujours mieux pour être fort dans votre métier de chrétien protestant ?... C'est l'histoire magnifique de la Réforme française, de l'Eglise Réformée.

Nnlle part ailleurs, hormis dans la Bible, vous ne trouverez des récits d'aventures plus poignants, des exemples de Foi et de Vertu plus héroïques, et plus rapprochés de vous, tous plantés dans le sol précieux de la patrie. La majorité des protestants français les ignorent. C'est un secours sans égal dont ils se privent ; c'est une stupide ingratitude dont ils se rendent coupables ; car cette histoire, où se rencontrent sans doute des erreurs et des crimes commis aussi par les nôtres, offre, d'autre part, le spectacle d'une telle multitude d'existences vaillantes et saintes, qu'elle constitue une des plus sûres éducatrices de la conscience, de la liberté de penser, de l'amour de la science et du travail, du culte de la famille, de l'obéissance aux lois et du service de Dieu, vertus sans lesquelles la société humaine tombe dans l'anarchie ou dans la tyrannie — cela revient au même — et finalement dans la pourriture.

Consolations et certitudes

L'amour chrétien, c'est le ministère privé qui consiste à faciliter la vie des autres, à servir les frères du mieux possible, à adoucir pour les autres tous les angles et les rudesses de l'existence, à maîtriser l'envie et la jalousie, afin de laisser le chemin libre à l'amour, à ne pas se détourner de ceux que le péché terrasse ou qui sont déprimés par la douleur. Et dans notre monde actuel et dans cette assemblée, par exemple, il n'est personne, j'imagine, qui ne fasse de temps à autre quelque effort pour alléger le fardeau des autres, dans sa famille, ou dans ses relations, ou dans sa patrie. C'est une des conquêtes les plus évidentes de l'Evangile. Rappelons seulement que l'inventeur génial de l'amour chrétien, fait dépendre le Jugement dernier de l'obéissance ou de la désobéissance à ce devoir du service d'autrui. Dieu ne nous demande pas : Quel est ton credo ? Quelle est ta théologie ? Quelle est ta morale ? Mais bien : Quand vous avez rencontré un étranger, l'avez-vous reçu chez vous ? Quand un homme avait faim et soif, lui avez-vous donné à manger et à boire ? Avez-vous vêtu celui qui n'avait pas de vêtements ? Avez-vous visité ceux qui étaient malades ou en prison ?

Voilà les solennelles questions du Jugement d'après la pensée du Sauveur. De la réponse qui sera faite, dépend pour le Christ notre bonheur ou notre malheur après la mort.

Dans aucune religion, on ne trouve une position aussi suréminente accordée à la seule pratique du service, à l'exclusion de toute autre considération, sans avoir l'air de se soucier d'une autre condition de salut. . . . .

Des milliers de créatures l'ont ressenti cet amour, dans la plus triste des échoppes comme dans la demeure la plus somptueuse, et c'est pourquoi l'humanité n'est pas encore engloutie dans sa fange, et s'en dégage chaque fois que quelques-uns de ses membres répondent à l'appel miraculeux du fils de l'Homme : « Si vous n'aimez que ceux qui vous aiment, quelle récompense méritez-vous... Soyez parfaits comme votre Père Céleste est parfait. »

O Seigneur Dieu, pardonne la pauvreté de nos paroles, élargis nos cœurs, éclaire nos intelligences et rappelle-nous aussi constamment cette parole d'un de tes apôtres qui était pécheur comme nous, mais que cet amour en Jésus avait converti et sanctifié : « Celui qui n'aime pas demeure dans la mort. »

(Extrait d'une prédication préparée par M. le pasteur Roberty, et lue après sa mort, au culte du matin, à l'Oratoire, le dimanche 6 décembre 1925).

* * *

Dieu est là. Cette seule pensée fait cesser nos interrogations et stimule notre amour. Nous ne discutons plus avec lui ; nous ne le jugeons plus, nous l'aimons, et nous abandonnons à lui toute notre pensée et toute notre vie. Quoi qu'il en soit, notre âme se repose en Lui. Au milieu des fatigues causées par l'incessant combat de l'existence, anxieux à la pensée du sommeil qui persiste à nous fuir, des soucis qui nous rongent, de la vue de la perversité humaine qui nous désespère et qui tend à nous faire croire que tout va de mal en pis, environnés de tous côtés par la guerre et par la mort, une certitude enivrante tout à coup nous envahit, quand nous nous agenouillons auprès de la source de toute sainteté et de tout amour, cachée dans la forêt de l'âme humaine, mais toujours à la portée de nos lèvres, et que nous y étanchons notre soif ardente de bonheur et de paix.

* * *

La notion protestante de la foi n'est pas intellectualiste. Elle est toute transportée dans la volonté et dans le sentiment. Libérée du mysticisme sacramentaire et contemplatif, de l'ascétisme et de l'autorité de l'Eglise, l'âme *« a soif du Dieu vivant »* et entre directement en rapport avec Lui par la foi. Elle se lie de la même manière avec le Christ, sans intermédiaire surnaturel obligatoire. Car, selon Calvin lui-même, « il y a une semence de religion plantée en tous par l'inspiration secrète de Dieu ». Le protestant croit en Jésus-Christ — il peut refuser d'y croire, et alors il n'est plus chrétien — selon les mêmes procédés psychologiques par lesquels nous croyons en la valeur spirituelle de telle ou telle personne. La foi, selon la pensée protestante, est une expérience psychologique. Pour que celle-ci meure, il faut que son objet soit détruit. Mais il peut être modifié extérieurement dans son costume, dans son environnement, dans son langage, sans que sa nature intime soit changée, sans donc que la foi soit atteinte.

Voilà pourquoi la science ne parvient pas à modifier l'essence de la foi protestante, car elle ne touche que l'extérieur, le vêtement, je veux dire le dogme, le rite, la hiérarchie. Tout ceci tombe sous la juridiction de la critique qui, une fois éveillée, ne saurait plus abdiquer. Mais tout cela n'est que le corps de la religion ; en ce corps, utile, nécessaire, ne réside pas cependant l'objet suprême de la foi. Cet objet demeure dans l'âme du Christ ; il est à proprement parler Dieu en Jésus, sensible au cœur, saisi par la conscience.

Dans le protestantisme, la foi s'adresse directement à ce qui est invérifiable selon les méthodes scientifiques. Elle s'empare de l'essence, de l'idée, de l'esprit. Le conflit avec la science est impossible...

La vie chrétienne d'un bon ministre de l'Évangile — et ceux-là constituent la plupart de nos pasteurs — est un perpétuel et douloureux souci. Ils portent réellement, chaque jour, dans leur conscience et leur esprit, les péchés et les souffrances de tous. Soucis des pauvres et des malades, soucis des mourants, soucis des enfants au catéchisme et de leurs parents ; douleurs secrètes causées par l'aveuglement spirituel d'un grand nombre, par la sensualité des uns, l'orgueil et l'avarice des autres, la frivolité stupide de plusieurs ; crainte continuelle et sacrée de n'être pas à la hauteur de sa tâche, de compromettre la réputation de la Réforme en France, et le nom de notre Maître et l'honneur de notre Dieu... tel est le climat dans lequel ils passent toute leur vie !

La plupart d'entre eux, vous le savez, s'ils l'eussent voulu, se fussent taillé des succès éclatants dans le barreau, la médecine, la littérature, dans l'enseignement secondaire ou supérieur ; mais par amour pour l'Évangile qui, seul, sauve et affranchit les hommes ; par amour pour la Réforme libératrice du XVI° siècle, qui, seule, peut devenir la religion des démocraties modernes ; pour le seul amour de Dieu enfin, ils acceptent presque tous une vie obscure, des charges pesantes et insoupçonnées, sans profit, sans honneur, et, pour la plupart, ils meurent, méconnus, leur immense travail enveloppé d'indifférence, après avoir subi, eux et leurs familles, des privations sans nombre..., sauf la privation de la grâce de Dieu !

Appelez-nous, réclamez-nous, dites que vous avez besoin de nous ! Ne craignez jamais, jamais, entendez-vous, de nous importuner, de nous « déranger ». Nous sommes à votre service en Jésus-Christ. Toute notre vie tient dans ces deux mots. Hélas, nous pouvons vous répondre parfois d'une manière impatiente et nerveuse ; nous pouvons même ne pas répondre à un premier appel... Nous pouvons être empêchés, et puis nous sommes lents, distraits, négligents, nous sommes infiniment au-dessous de notre vocation... Tout cela est vrai ; mais alors réitérez votre appel ! Ne vous lassez jamais. Pour vous, pour vos enfants, quand vous êtes dans le chagrin, quand vous succombez sous quelque fardeau, quand vous êtes malades, quand le découragement vous menace, quand votre âme, altérée, seule, crie après la délivrance, appelez-nous, faites un signe qui nous révèle votre détresse, car c'est alors que le message de l'Evangile déploie sa plus grande vertu, en dépit de nos propres incapacités, pourvu que nous ayons un cœur croyant, sincère et pitoyable. Laissez-nous vous servir davantage et mieux. Avertissez-nous quand notre zèle se relâche ; c'est votre devoir d'ancien, de diacre, de fidèle, mais laissez-nous vous servir pour l'amour de Dieu et de vos âmes !

Ah ! nous voudrions tant faire des progrès dans la pratique du Saint Ministère ! Nous sentons si vivement tout ce qui nous a manqué et ce qui, toujours nous manque ! Nous voudrions tant, sans aucune préoccupation personnelle — et ce n'en est pas une que de sentir les fibres de son propre cœur enroulées autour d'une pareille œuvre ! — contribuer par de vrais sacrifices, à faire de cette Eglise une Eglise bien vivante, une Eglise où l'on connaisse la joie de ceux qui ont été consolés, la joie de ceux qui ont eu leurs blessures guéries et leurs péchés pardonnés, dont l'esprit affranchi des préjugés et des idées vieillies qui ne nous disent plus rien, s'envole vers l'Evangile de l'Esprit et de la liberté, vers l'Evangile des justes réparations sociales, l'Evangile de la fraternité, sans hypocrisie, sans défaillance, l'Evangile enfin qui est une « bonne nouvelle » et un immense bonheur pour tous les enfants des hommes !...

Aidez-nous, mes Frères ! Priez pour nous ! O Eternel, renouvelle, renouvelle notre énergie et consacre-nous de nouveau à ton service et à celui de ton Eglise !

* * *

Gardez, mes frères, pour venir en aide aux défaillances de vos convictions au sujet de la vie éternelle, gardez étroitement unies dans le temps et dans l'éternité, l'idée de la mort et celle de la résurrection. Ah ! si on croyait davantage que la mort et la résurrection ne font qu'un, ne sont que les deux faces d'un même mystère, que ce qui est vrai du Fils de l'Homme, l'est aussi de l'humanité ; que ceux que nous aimons et qui nous aiment, dont nous déplorons la perte, mais qui ont pratiqué la justice, et en dépit de leurs doutes et de leurs défaillances, sont restés attachés à l'Evangile du Royaume de Dieu, si nous croyions davantage qu'ils sont non point morts mais vivants, non pas vaincus, mais victorieux, non pas désolés, mais pleins de joie, non pas glacés et soli-

taires dans un cercueil, mais se chauffant aux douces flammes du
Paradis, alors on n'entendrait pas tant de ces lamentations sans
espérance qui corrompent, qui dégradent la vie, la rendent presque
inutile et ne révèlent rien d'autre non seulement qu'un manque de
confiance en l'Evangile, mais encore une parfaite incroyance en la
valeur absolue, je veux dire éternelle, de la vie morale.

Certes, il est naturel que nous soyons dans la tristesse et que nous
pleurions sur notre malheur, quand nous ne voyons plus le regard
— qui ne ressemble jamais à aucun autre regard — de ceux qui
nous sont plus chers que la vie, et nous devons garder fidèlement
la date douloureuse du jour où ils nous ont quittés, mais nous
méconnaissons un élément fondamental de l'Evangile, si nous ne
conservons pas aussi le souvenir béni de leur jour de Pâques, et si,
à mesure que nous approchons nous-mêmes de la tombe, nous ne
nous réjouissons pas de les retrouver, toujours vivants, près de
Dieu... Les angoisses de la terre ne peuvent plus les saisir... Ils se
reposent de ce repos divin qui est une activité sans fatigue, toujours
renouvelée et fraîche éternellement. Ils sont ressuscités. Ils *demeurent en nous, et nous en eux*, comme le Christ, plus encore que
durant leur vie terrestre, et c'est ce dont nous ferions plus souvent
l'expérience, si nous ne nous laissions pas fléchir continuellement
sous le poids du monde physique... Eux, du moins, ils nous ont
revus. Et notre cœur devrait se réjouir, au moins de cette « joie
consolée », où brillent encore des larmes, mais qu'aucune puissance
au monde ne saurait nous ravir.

LE PASTEUR J.-E. ROBERTY [1]

L'Oratoire est en deuil : nous avons perdu notre pasteur et notre ami M. J.-E. Roberty. L'auteur de ces lignes n'oubliera jamais cette matinée du 22 novembre 1925 où il fut appelé, tout à coup, devant la forme inanimée de son collègue. Il était tout habillé, prêt à partir pour le *Foyer de l'âme*, où il devait prêcher ce dimanche-là. Quelques instants auparavant, il téléphonait encore à l'une de ses anciennes catéchumènes. Un moment après, il n'était plus. Je rentrai à l'église le cœur bien lourd. Je dus prévenir en chaire notre collègue Wilfred Monod, qui eut le douloureux devoir d'annoncer aux fidèles le coup qui nous frappait tous.

Depuis lors, les témoignages de sympathie n'ont cessé d'affluer de près et de loin, marquant ainsi la place que notre ami occupait dans le protestantisme français et étranger.

La carrière de notre frère se divise en trois étapes : Mantes, Lyon, Paris. Partout, il laissa une trace qui n'est point effacée. Fils de pasteur, J.-E. Roberty tenait de son père des traditions de conscience, de sagesse et de prudence pastorales. Il avait été à bonne école auprès du distingué pasteur de Rouen. Il eut le bonheur ensuite de trouver, à Genève, dans la personne du professeur Bouvier, un maître qui l'orienta vers le christianisme intérieur, christianisme de la conscience, qui répondait bien à ses aspirations intimes. Il vit de près, plus tard, le maître incontesté des études théologiques en France, Auguste Sabatier, dont il subit, comme nous tous, au point de vue spirituel, l'incomparable prestige. C'est ainsi que sa personnalité propre se forma, pleine de charme et d'attrait, et que s'approfondit toujours davantage une piété sans cesse entretenue par le contact personnel avec le Christ des Évangiles. Il a montré aux plus aveugles qu'une piété vivante peut s'allier à la plus complète liberté

---

[1] Cet article et le suivant sont extraits du Bulletin paroissial *L'Oratoire* ; ils sont une expression de la profonde affection qui unissait les trois pasteurs. Ils serviront aussi de commentaire à la photographie où ils se trouvent réunis, photographie que M. Roberty avait désirée " afin de fixer une époque heureuse de la vie de l'Église " pour employer ses propres termes.

d'esprit ; il a prouvé qu'une Eglise peut se construire et réunir des âmes diverses, des esprits différents aux pieds de Jésus-Christ, non pas une Eglise nouvelle, mais la vieille et glorieuse Eglise réformée de France enfin émancipée des servitudes du dehors et du dedans. C'est à cette Eglise qu'il a consacré sa vie. Il l'a servie à Lyon comme à l'Oratoire. Ici plus longtemps que là, mais avec la même fidélité et le même éclat. Un seul trait montrera son courage pastoral : malgré la fatigue des derniers mois, la veille de sa mort, et bien pâle déjà, il présidait une inhumation dans le cimetière de Neuilly, malgré le froid, et déclarait à un membre de la famille affligée : « Bientôt, vous me rendrez le même service ». Je lui avais cité un jour le mot d'Oberlin, qui se poussait lui-même aux tâches difficiles en se disant : « Marche, Fritz ! » Souvent, il me répéta le mot avec un sourire illuminant son visage déjà fatigué. Il a marché, travaillé, aimé et servi jusqu'au bout. Nous garderons fidèlement sa mémoire, son souvenir et son exemple. Que tous ceux qui l'ont aimé et qui ont reçu de lui du bien spirituel, restent fidèles aussi à l'idéal chrétien qu'il leur a prêché pendant trente-quatre ans, fidèles à l'Eglise où il les avait introduits et qui a le souci de marcher dans la même direction. Cette direction est sûre puisque c'est celle-là même qui est imposée à nos consciences par le Dieu unique et par Jésus-Christ, son Fils.

John Viénot.

IN MEMORIAM

Emile Roberty !... Dans le jardin sacré de mes souvenirs personnels il est permis de cueillir quelques fleurs, et de les offrir pieusement à l'Eglise de l'Oratoire. Ceux qui aimaient et vénéraient le père spirituel de notre paroisse, comprendront le caractère fragmentaire de ces notes intimes. Cependant, ses collègues, les confidents de sa pensée, ne se sentent pas le droit de garder pour eux certains traits révélateurs, certaines scintillations de son âme.

Chacun pouvait constater l'étonnante spécialisation d'une vie totalement consacrée au bien de la communauté ; il tenait dans ses mains expertes et délicates tous les fils, même les plus ténus de la paroisse, puisqu'il s'occupait des moindres détails matériels, en même temps que de la correspondance d'affaires, de la direction morale, de l'enseignement religieux, de la prédication, sans compter les innombrables actes pastoraux, accomplis avec tant d'exactitude et de ferveur.

J'ai souvent admiré en secret le perpétuel jaillissement de la source intérieure dans l'exercice de son ministère, sans cesse rajeuni par le dedans. Quand il priait avec ses collègues, le dimanche matin, dans la petite sacristie, avant le culte public, son accent avait toujours la vibration de la réalité. Un jour, à ce moment-là, un paroissien lui envoya dire qu'il désirait l'entretenir. E. Roberty refusa. Il avait déjà revêtu sa robe pastorale. Il m'expliqua : « Les gens sont étonnants. Ils demandent à vous parler, en un moment pareil... *Comme s'il n'allait pas se passer quelque chose d'extraordinaire !* » Une autre fois, après avoir distribué la sainte cène avec ses collègues, il déclara : « Quand ce n'est pas moi qui préside la table, je voudrais m'agenouiller. »

*

Ce qui nous frappa souvent, c'est la hauteur du niveau intellectuel et moral auquel il savait maintenir une conversation familière. Jamais d'anecdotes vulgaires, douteuses ou amères ; ni bavardages, ni médisances, ni platitudes. Cet homme, qui était arrivé à Paris pour tenir un drapeau, et dont le Consistoire « orthodoxe » avait inlassablement refusé de ratifier la nomination à l'Oratoire, n'avait gardé aucune aigreur de ces pénibles discussions. Sa charité fraternelle nous fut constamment en exemple. Je me rappelle un repas dans une maison amie, où la conversation s'égara sur le terrain des querelles ecclésiastiques. J'étais assis auprès de lui. Il me dit soudain, agacé : « Oh ! si l'on pouvait s'abstenir de parler des *personnes !* — C'est vrai, répondis-je, à mi-voix : il y a l'immense domaine des *choses,* l'histoire naturelle, l'astronomie... » Il ajouta vivement : « Et le domaine des *idées !* »

A quel point celles-ci lui étaient chères, je le compris au début de la guerre mondiale. Bouleversé par les événements, il m'avait demandé : « Pourrons-nous supporter cela jusqu'au bout, sans fléchir ? » Et cependant, quand nous en vînmes à parler du petit livre *Les Etapes de la Foi* (1), ses yeux brillèrent. « Un ouvrage pareil, assurai-je, marque une date dans l'histoire de l'enseignement religieux au sein de l'Eglise ; c'est un événement ». Il s'écria : « Peut-être plus important que la guerre elle-même ! »

Et quel délicat sentiment des nuances, quelle subtilité exquise de la pensée, dans une autre parole jaillie de son âme ! Il me parlait de mon « *Vade mecum pastoral* » ; un modeste livre consacré à nourrir méthodiquement la vie spirituelle par trois exercices quotidiens de piété. Il aurait voulu que cet humble manuel s'intitulât d'un mot français : *Bréviaire.* D'autre part, il me demandait pourquoi j'avais inscrit, chaque jour, un passage sur le sang du Christ. « Pour beaucoup de gens, me disait-il, cela évoque, non plus un *fait,* si tragique, mais une *théologie* très particulière. — Alors, lui répondis-je, me voilà plus symboliste que vous ; vraiment, le sang du Crucifié appartient à tous, en dehors de n'importe quel système doctrinal. Et puis, vous-même, à la table sainte, vous prononcez bien la formule rituelle sur « le sang de la Nouvelle alliance. — Oh ! ces paroles sont des paroles chantées ! » — Remarque à la fois très simple et très profonde. Quand l'émotion religieuse déborde, le rythme seul peut l'exprimer : poésie ou musique. Dans les modernes versions du Nouveau Testament, bien des passages des Evangiles et des Epîtres sont imprimés sous la forme typographique adoptée pour les vers. Souhaitons que, dans l'avenir, les Credos soient chantés. Quel apaisement, alors, dans les discussions des théologiens ! Quelle unité spirituelle, quelle union morale, quelle unification ecclésiastique, dans les voix à l'unisson !

(1) *Manuel d'histoire évangélique, publié par L'Union régionale des Eglises réformées de Normandie* (Fischbacher, 33, rue de Seine, Paris).

* * *

Par la générosité foncière de la pensée et des sentiments, notre ami s'élançait d'instinct vers les solutions les plus « libérales » dans tous les sens du mot, et dans tous les domaines. Quel don d'encourager les jeunes, quelle faculté d'admirer ses pairs, quel hommage à ses aînés ! Chaque fois qu'il en avait l'occasion, il s'asseyait aux pieds de Charles Wagner, à Noël : « Sa vigoureuse main me porte, il me soulève au-dessus du monde. »

Un jour que j'avais prêché sur l'exhortation de l'apôtre : « Soyez forts ! » il m'exprima son émotion et sa gratitude, après le culte, avec une émotion extraordinaire. « Vraiment, on ne peut se borner à *écouter* le message évangélique. Si l'on reçoit, il faut donner... » Brusquement, il tira de sa bourse une pièce d'or : « Tenez, voici vingt francs pour vos œuvres ! »

Une autre fois, pendant la guerre, je me trouvais dans son cabinet de travail. Le Conseil de la Fédération protestante venait de lui envoyer un délégué pour le prier de prendre la parole, dans une grande réunion organisée à l'Oratoire : on devait évoquer la pure mémoire de l'infirmière anglaise, Edith Cavel, fusillée par les autorités allemandes en Belgique. « C'est à vous, me dit-il, que reviendrait la tâche, puisque vous êtes l'un des vice-présidents du Conseil. Mais on a préféré s'adresser à moi ; on croyait posséder ainsi plus de garanties, sur le terrain des problèmes internationaux. » Soudain, sa figure se décomposa. Il s'écria : « En quoi donc ai-je pu démériter, au point que l'on me considère comme un homme sûr, un prédicateur de tout repos, quand je prêche l'Evangile ? » Ses yeux se remplirent de larmes et il éclata en sanglots. Son chagrin était si poignant que je dus le consoler avec un accent presque maternel, et ce n'est pas sans peine que je parvins à le calmer.

* * *

Voici le récit de notre suprême entretien. C'était le 11 novembre dernier, anniversaire de l'Armistice. On avait convoqué une réunion, dans la matinée, à la Maison du protestantisme français, pour préparer l'importante assemblée où plusieurs orateurs devaient raconter la Conférence œcuménique de Stockholm. De loin, je vis arriver mon ami ; lentement et courbé, les bras repliés sur la poitrine, il gravit le perron, puis entra dans la salle de nos délibérations. Là, il se détendit ; quand on rédigea le programme, il déclara gaiement et sérieusement, avec une vivacité souriante : « J'espère bien qu'on n'imprimera pas : *Prière par... le pasteur Roberty !* Une prière doit rester anonyme. » (Quand on dressait sur une carte spéciale d'invitation le tableau de nos cultes pour la Semaine Sainte, il refusait d'imprimer le nom des pasteurs chargés des méditations successives).

Après la réunion, nous sortîmes ensemble. Il me dit : « Combien je vous remercie de m'avoir écrit, à propos de mon anniversaire : Je vous fête quotidiennement dans mon cœur ! » Dans la rue, il me parla de sa santé, très brièvement. Je lui exprimai ma sympathie, puis je fis allusion à la parole apostolique sur « l'homme intérieur qui se renouvelle de jour en jour. » A la mention de l'au-delà, son regard s'alluma soudain, il se redressa et s'écria : « Cela, c'est plus sûr que tout ! »

Le 20 novembre, avant-veille de sa mort, il m'écrivait encore : « Vous ai-je remercié pour votre dernière carte où vous me disiez que vous me célébriez dans votre âme ? Vous pensez si j'ai été touché par tant d'affection fidèle. » Puis il m'annonçait qu'il convoquait ses collègues, le lundi suivant, pour parler des affaires de la paroisse. Et il m'exhortait plaisamment à ne pas rester « invisible » ce jour-là. Il ajoutait : « *En fait d'invisibilité, c'est moi qui m'en rendrai coupable dimanche,* en ne venant pas à l'Oratoire ; je dois prêcher au *Foyer de l'âme.* Ces engagements hors paroisse me pèsent de plus en plus, car mes forces n'augmentent pas. » Ce message *in extremis* me parvint le samedi. L'écriture trahissait une fatigue telle, que j'interrompis la préparation de mon sermon du lendemain, afin d'écrire à notre collègue bien-aimé quelques lignes d'encouragement. Le dimanche matin, quand on le trouva étendu dans son cabinet de travail, ma lettre était sur son bureau, dépliée. Il reçut donc, à la minute suprême, de la part de son église, un message ultime de tendresse et de foi.

Hélas ! il avait prophétisé juste : « En fait d'invisibilité, c'est moi qui m'en rendrai coupable, dimanche... »

⁂

La Semaine Sainte approche. Méditons, pour nous y préparer, ces paroles si caractéristiques, et de la manière et de l'inspiration de celui que nous pleurons.

C'était en 1899. Le peintre Eugène Burnand venait d'exposer un grave tableau : *L'Homme de douleur.* E. Roberty écrivit, dans *La Vie nouvelle* : « Que le grand artiste chrétien, si aimé de tous, me pardonne ces remarques inexactes peut-être, mais sincères, on ne se sent pas, du premier coup d'œil, en présence de Jésus, le Sei-

gneur. Il ressemble à un « saint », plutôt qu'au Maître immaculé ;
le moi merveilleux qui est en lui a disparu... il est trop dépourvu
de l'élément miraculeux qui constitue le mystère de sa personnalité.
Il est trop simple, trop accessible à notre esprit, trop semblable
à un « saint ». Je ne trouve pas d'autre mot. L'élément tragique
du drame de la rédemption est absent, ou mieux, me paraît absent. »

Eugène Burnand était de croyance « orthodoxe ». Emile Roberty
était un représentant du « libéralisme ». Voilà comment il savait
parler du Sauveur. Cher et noble ami, une fois de plus, nous te
disons : Merci !

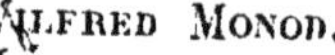

Wilfred MONOD.

Montbéliard. — Ste Anonyme d'Imprimerie Montbéliardaise.